कहानी बदलती रही

सविता पाटील

NOTION PRESS

India. Singapore. Malaysia.

यह कविता संग्रह समर्पित है मेरे माता – पिता को

जिनका आशीर्वाद सदैव मेरे साथ है...........

सूची

सूची

"कहानी बदलती रही" प्रकाशन (अप्रैल २०२५)

अन्य प्रकाशित कविता संग्रह

कहानी बदलती रही

"सागर किनारे जब आती है लहरें,
 सोचती हूं क्या क्षितिज है करीब मेरे,
पर बस एक मृगतृष्णा है जो...
 लहरों के साथ ही लौट जाती है,
तब घरौंदे की याद आती है"

'ज़िन्दगी' पर कभी यह पंक्तियां लिखी थी, और जैसे – जैसे समय बीतता जा रहा है, यह बात और गहराई से समझ आ रही है। किसी सागर किनारे से, क्षितिज पास लगता है, उसके होने का आभास बढ़ जाता है। एक पंछी इस क्षितिज को पाने की आकांक्षा लिए पूरी कोशिश करता है कि वह वहां तक पहुंच सके। पर सच तो यह है कि ये केवल एक मृगतृष्णा ही है और उसे नीड़ में लौटना ही पड़ता है। उसका ये भ्रम टूट जाता है।

हमारी ज़िन्दगी भी ऐसी ही तो है, एक मृगतृष्णा...
एक भ्रम, अपनी ओर आकर्षित करनेवाली, होने का आभास देनेवाली, प्यास बढ़ानेवाली और प्यासा ही रखनेवाली। हम रमते रहते हैं इस ज़िन्दगी में ऐसे मानो जैसे यह कभी समाप्त ही नहीं होगी। हर दिन नयी इच्छाएं, हर दिन का वही दौड़ना। ज़रूरत से ज़्यादा मांगना और जमा करना। आज जो भी है उसमें कभी भी संतोष नहीं देखना। इसका यह अर्थ नहीं कि इच्छा ही

छोड़ दे, या कुछ नया न सोचे। बस, यह सीखना जरूरी है कि क्या और कितना मांगा जाए और जो है उसका भी तो आनंद लिया जाए। क्योंकि ज़िन्दगी तो ख़त्म हो रही है। यही सच है। तभी इसे पूरी तरह जीना ज़रूरी है, जानना ज़रूरी है। हां, ये समय – समय पर सवाल या पहेली लगती रहेगी। ये ज़िन्दगी है, कब पूरी तरह से समझ आती है ? लेकिन, लगातार इसे समझने की एक कोशिश तो होती रहनी चाहिए, ताकि जीना आसान हो सके।

ज़िन्दगी की कहानी बदलती रहेगी, पन्ने पलटते रहेंगे। उतार – चढ़ाव होगें, कभी सब कुछ होकर भी कुछ नहीं होने का आभास और कभी कुछ न होकर भी सबकुछ होने का आनंद। ये सब मन की स्थिति ही तो है, इसे ही तो संभालना होगा । नहीं तो, ये जानते हुए भी कि अपेक्षाएं दुखों का कारण हैं, अपेक्षाएं बनी रहेंगी। ये समझकर भी कि जो है उसमें संतुष्ट होना चाहिए, कोई असंतोष आता – जाता रहेगा, जैसे यह जीवन का ही एक भाग है। आज के इस क्षण में न रहकर मन कभी बीती बातों में तो कभी आनेवाले कल में ही उलझा रहेगा। तभी, मन पर संयम बनाये रखाना ज़िन्दगी को जीना और समझना आसान कर देगा। वरना, ज़िन्दगी थका देगी, हमारी ही इच्छाएं और हमारा ही इनके पीछे बिना सोचे भागते रहना कभी ख़त्म ही नहीं होगा।

अच्छी बात ये है कि इस बदलती कहानी के हम स्वयं ही नायक है। हमें ही अपनी कोहानी को जगह – जगह पर सुंदर मोड़ देते हुए अंतिम पड़ाव तक लेके जाना होगा। क्या सीखना है

और क्या छोड़ देना है, कितना रखना है और कितना दे देना है, हमें ही तो तय करना है।

यह इंसान का स्वभाव है कि वह जो मिला उससे अधिक जो नहीं मिला उसका खेद करता है, अनुराग से अधिक द्वेष में रहता है, भरोसे से अधिक शंका करता है, अपने भीतर की उर्जा को समझे बिना कमज़ोर पड़ जाता है। बस, यही तो करने से बचना है। जो भी ज़िन्दगी सीखा रही है उसे पूरे मन से सीखना है, गांठ बांध लेनी है और आगे बढ़ते रहना है। एक नायक अपने सामर्थ्य को पहचानता है, अपनी असफलताओं को अध्याय बनाकर कुछ पहले से अच्छा करने की कोशिश करता है और सदा ये याद रखता है कि अंत में ये काग़ज़ कोरा ही रह जायेगा।

यह कविताएं या रचनाएं इन्हीं पड़ावों पर ठहरकर, इसी ज़िन्दगी की बदलती कहानी से गुजरेंगी। तभी तो, ये सफ़र आपको अपनी ही ज़िन्दगी लगेगा, इसका मुझे पूरा विश्वास है। यह *'कहानी बदलती रहेगी'* संग्रह मैं आप पाठकों और श्रोताओं को सौंपती हूं। ईश्वर का प्रसाद मानकर स्वीकार करें।

सविता पाटील
(अप्रैल २०२५)

'कविताओं की दुनिया में'
कल्पनाओं का विस्तार है!
कहीं भ्रम है, तो कहीं सत्य स्वीकार है!
खल – खल बहते शब्दों में...
दृढ़ विचार हैं,
'कविताओं की दुनिया' में
कवि मन का साक्षात्कार है !

आना इस दुनिया में...
कि यहां नहीं भेद किसी की भावनाओं में,
हर किसी को कुछ न कुछ मिल जाता है,
किसी न किसी भाव से कोई जुड़ ही जाता है!
यहां मरहम है, अगर घाव है,
धूप में जैसे छांव हैं,
भटकते मन के लिए पडाव है !

'कविताओं की दुनिया' में जो बसते हैं...
कई रंगों की स्याही, पर
एक ही कलम हृदय की रखते हैं !
यहां शब्द नहीं बिकते...
कौन बरसती बरसात,
खिलती धूप का मोल कर पायेगा ?
कौन चमकते तारे, चांद - सूरज को तोल पायेगा ?
'कविताओं की दुनिया' में
अमृतत्व का वरदान विद्दमान है,
शाश्वत है ये कविताएं,
कवि भले ही लुप्त हो जायेगा!!

कहानी बदलती रही

कलम वही…
स्याही बदलती रही,
एक ही ज़िन्दगी की,
कहानी बदलती रही !

उम्र बदली, बदली चाह,
राह बदल गई!
एक ही मैं वही,
मेरी तस्वीर बदलती रही !

बदले मौसम, दौर बदले,
अपना – पराया बदलता रहा!
एक ही दुनिया तेरी,
पर रंगत बदलती रही !

काज़ल के टीके से माथे के चंदन तक,
बदला रूप, बदला श्रृंगार
एक ही रूह की…
सूरत – ज़रूरत बदलती रही!

ज़िन्दगी !
दो सिरों की ज़द्दोजहद
एक हसरत, एक ज़रूरत...

असंतोष कोई गहरा

असंतोष कोई गहरा
घर कर गया,
जो लग रहा था पूरा
अधूरा कर गया!
वही दिन, वही घर
वही दीवारें, वही दर
एक रंग भरी तस्वीर का
रंग धुंधला कर गया!
असंतोष कोई गहरा
घर कर गया!

बदलती हवाओं से...
मन को बचा रखा था,
जो नहीं मिला छोड़ दिया,
मिला, सम्भाल रखा था,
ज़रूरतें कब, कहां
रूप – रेखा बदलने लगी,
पैर होने लगे बाहर या

चादर छोटी होनी लगी ?
वही चुल्हा, वही माटी
वही डाल, वही रोटी
स्वाद भरी थाली का
मज़ा कीरकिरा कर गया!
असंतोष कोई गहरा
घर कर गया!

कब तक यूं उड़ेगा?
कभी तो नीड़ में वापिस लौटेगा,
आज टूटा है बांध तो क्या,
पानी फिर किनारों के बीच बहेगा!
वही जीवन, वही नियम
वही मन, वही संयम
संतुलन आधार का बिगाड़ गया!
असंतोष कोई गहरा
घर कर गया...

बाहर कुछ भीतर कुछ

अधूरी इच्छाओं को...
त्यागना भी अधूरा रहा,
मन – मस्तिष्क में इनका
किसी – ना – किसी रूप में बसेरा रहा!
रेंगती रही और
सर उठाती रही बार – बार,
फिर क्या, मिला ये जीवन...
स्वीकारना केवल एक ढोंग रहा ?
बाहर कुछ और भीतर कुछ और रहा!

वल्लरियां जैसे घेरे रखे बड़ा वृक्ष कोई,
सतह पर शांत दिखाई देता था पानी,
तह में मचलती रही तरंगें कई !
फिर क्या संतोष केवल मन का...
एक आवरण रहा ?
बाहर कुछ और भीतर कुछ और रहा!

स्मित हास्य अधरों पर,
समाधान का था या निदान का ?
जग भोग किसी पाप का था या
प्रत्यय वरदान का!
फिर क्या मिठास – सी मकरंद की...
केवल एक भास रहा ?
बाहर कुछ और भीतर कुछ और रहा!

जानना जरूरी था

ये जानना जरूरी था,
कहां तक जाना सही था !
किस बात पर अड़ना,
किस बात को कब छोड़ना था,
ये जानना जरूरी था !

ऐसा नहीं कि भटकने का डर था,
पर कहीं किसी डाली पर...
मेरी प्रतीक्षा में,
एक घौंसले में मेरा घर था!
माना आसमान को नापना,
आकांक्षाओं को पाना था,
लेकिन, ये जानना जरूरी था...
कब रूकना,
किस छोर से नीड़ में लौटना था!

लकीरों की तरह रास्ते भी…
खींचों तो खींचते रहते हैं,
तुम चलो तो ये भी चलते रहते हैं!
माना, मुट्ठी में कुछ सपने रह गए,
कुछ पूरे हुए, कुछ सफ़र अधूरे रह गए!
लेकिन, ये जानना जरूरी था…
अंजुरी में कितना भरना,
कितना बहा देना था!

मन के हिल्लोंरें…
जैसे पूनम की रात सागर की लहरें,
जैसे बिखरे अनंत में असंख्य तारे!
महत्वकाक्षांओं की कोई परिधि नहीं,
जिसे पाकर तृप्त हो जाए मन…
ऐसी कोई निधि नहीं!
तभी तो, ये जानना जरूरी था…
कब तक ढील देनी थी,
कब, कहां अंकुश लगाना था!
ये जानना जरूरी था,
कहां तक जाना सही था!

सविता पाटील

छोटी - सी बात

एक छोटी - सी तो बात थी...
दिन से मांगी रात थी,
अनसुनी कर, दिन फैलता गया...
शाम से होकर रातों को निगलता गया !

सूरज ढलता है पर रात होती नहीं,
नाम का होता है अंधेरा,
पर दुनिया सोती नहीं !
कभी शाम से ही रातों का इंतज़ार होता था,
दो वक़्त की बांधकर रोटी,
तन - मन आराम से सोता था !

अब बस सोती है काया,
मन कभी सोता नहीं !
अंदर - बाहर शोर है हर पल
क्या आज कल दिन ढलता नहीं ??...

"ज़िन्दगी"
जो तुम ढूंढ रहे हो, वो इस कहानी में नहीं
और जो है, वो तुम्हें मंजूर नहीं...

पहचान अधूरी थी

किसी को समझने की समझ कब पूरी थी?
साथ बीत जाती है ज़िन्दगी मगर…
पहचान अधूरी थी!
हाथ से हाथ मिलते रहे,
साथ – साथ चलते रहे,
फिर भी कोई कोना ऐसा रह गया…
जहां से किसी की परछाई तक न कभी गुजरी थी!
पहचान अधूरी थी!

भीड़ का मौजी,
किसी किनारे पर ठहर…
खुद को देखता होगा,
बाहर के शोर के बीच…
भीतर की आवाज़ खोजता होगा!
हंसता, खिलता, मुस्कुराता चेहरा देखा सभी ने,
किसने देखा वो हिस्सा…
जहां कोई कौंध कभी गिरी थी!
पहचान अधूरी थी!

संगीत सुना,
गीत अनसुने रह गए!
प्रीत रही मृगतृष्णा,
मीत अनजाने रह गए!
बजते रहे मंजिरे सांज – संवरे जहां…
वहीं मुदित – मर्म अनमने रह गए!
प्यास बूझती रही गांव – शहरों की,
कौन सोचे…
इस सावन सरिताएं कितनी भरी थी!
पहचान अधूरी थी!

बोना इंसान

मेरी मिट्टी, मेरे गांव में लौटना
मेरा गुनाह हो गया,
दूर से रिश्ते खूबसूरत थे...
नज़दीकियों में मंजर तबाह हो गया!

वो संकरी गलियां, वो नुक्कड़ कहां है...
जहां दोस्त मिल जाया करते थे चलते – चलते,
पक्की सड़के अब मकानों तक पहुंचने लगी है,
दिलों से दिलों तक रास्ता रद्द हो गया!

दुनिया के किसी कोने में...
बीत ही जाती ज़िन्दगी किसी वहम में,
वो मेरे यादों का गांव...
न जाने कब ज़रूरतों का शहर हो गया!

जाने पहचाने चेहरे सवाल करते हैं,
मुस्कुराओ तो पर्दा करते हैं,
कद क्या ऊंचा हुआ इमारतों का,
बोना इंसान हो गया!

शहर की फ़ितरत

इस शहर की एक फ़ितरत है,
सीरत नहीं बस इसकी सूरत है,
मीठी ज़ुबान रखते हैं...
कुछ और ही छिपी एक नियत है,
इस शहर की एक फितरत है!

इन फैली रोशनाइयों में...
एक घना अंधेरा बसता है,
मंहगी ऊंची इमारतों में...
जीवन बड़ा सस्ता है,
भागती – दौड़ती सड़कों के नीचे...
एक थका, ठहरा रस्ता है!
खामोश लबों में दबी एक शिकायत है,
इस शहर की एक फ़ितरत है!

बिन आसमान के सितारें चमकते हैं,
जिन्हें थामने मासूम से लोग उछलते हैं,
रोज़ सुबह बुलबुलों से सपने फुटते हैं,
शाम होते – होते ज़मीन में दफ़न हो जाते हैं!
धुंए – सी इसकी एक शख़्सियत है,
इस शहर की एक फ़ितरत है!

बिकते हैं ख्वाब…
हकिक़त के दाम पर,
टूटकर बिखरते हैं दिल…
रौंदे जाते है रोज़ फ़र्श पर,
बेचते हैं हर चीज़ यहां,
हर बात के खरीदार मिलते हैं,
खुशियां भी मिलती है बाज़ारों में…
इस भ्रम में लोग जीते हैं,
महकती – बहकती ज़िन्दगी की…
बेचैन – सी करवटे बदलती रातों की एक तबिय़त है,
इस शहर की एक फ़ितरत है!

अलग – अलग से

कुछ लोग सम्भले – से दिखते हैं...
उसी शहर में, जहां कई बिखरे – से लगते हैं,
एक ही आबों – हवा के…
क्यों इंसान अलग – अलग से लगते हैं ?

जो बस गए बसे हैं हमेशा से,
जो भटकते रहे, बंजारे हैं, लौटे हैं किसी और जहां से,
एक ही दरख़्त के क्यों…
परिंदें अलग – अलग से लगते हैं ?

कुछ फैले हैं ज़मी से आसमान तक...
पुख़्ता खड़े हैं बड़ी शान से,
कुछ रेंगते, रोज उगते हैं, बड़ा होना चाहते हैं पर…
उखाड़ दिए जाते हैं, पड़े हैं बेजान से,
एक ही मिट्टी के…
क्यों पेड़ – पौधे अलग – अलग से लगते हैं ?

किसी की उड़ान दानों से घरौंदों तक रही,
तो ज़रूरतों से परे क्षितिज पार कर आया कोई,
एक ही आसमान के...
क्यों मायने अलग – अलग से लगते हैं ?

देखा है

देखा है,
उन्हीं बादलों को गरज कर लौटते हुए,
सावन जिनके साथ गुज़रा रिमझिम बरसते हुए !

देखा है,
लोगों को मौसम – सा बदलते हुए,
बहारों में साथ हुए पतझड़ में दूर होते हुए !

देखा है,
एक प्यास को आग से बुझते हुए ,
जिसने लगाई उसे भी साथ जलते हुए !

देखा है,
दरख़्तों को उन्हीं हाथों धराशाही होते हुए ,
जिनके लिए खड़े रहे जीवन भर धूप में तपते हुए !

टूट जाती हैं अपेक्षाएं

टूट जाती हैं अपेक्षाएं ,
जैसे कोई पाषाण से दर्पण चूर कर दे!
लेकर बहुत पास,
अचानक से दूर कर दे!

क्या था सत्य?
पास आना या दूर जाना,
क्या था भ्रम?
नित्य जीवन में तेरा होना या
अकेला कर देना!

छूट जाते हैं बंधन,
जैसे कोई गांठ कांट डोर – डोर कर दे!
लेकर बहुत पास,
अचानक से दूर कर दे!

कुछ रह गया अधूरा तो ग़म क्या है ?

जो है हाथों में बहुत है,

जो तू मांग रहा, वो कम क्या है ?

चाहने को तो चांद- सितारों की चाहत होगी

जो हासिल है देख उसे कभी

हाथों पर शिकायत क्यों रहे

आंखों में वो नम क्या है ?

कुछ रह गया अधूरा तो ग़म क्या है !!

हृदय – गरल

मैं एक विष – कन्या आज!
हृदय – गरल ,
बहता है रक्त – वाहिनियों में बनकर
मेरा लोहू तरल!
मेरी दृष्टि, देह यष्टि, कुंतल, कटि,
रोम – रोम से केवल विष झलकता है!
कोई प्रेम दे दे कभी,
हृदय से केवल गरल लौटता है!
तीक्ष्ण बाण विषैला जिव्हा से निकलता है,
ममता का वह सुधापान अब शेष नहीं,
मुझमें कदाचित् केवल हलाहल मिलता है!

अब नहीं मैं वह सुकुमारी,
नहीं वह माता – पिता की दुलारी,
नहीं वह यूथिका की महकती डारी,
कौन कहेगा शीतल शशि उजियारी!

मैं कभी थी एक साधारण – सी बाला,
स्वेच्छा से नहीं पिया विष – प्याला,
बूंद – बूंद सबने पिलाया,
मेरी मिठास में धीरे – धीरे कटु मिलाया!
वह सादगी – सुंदरता,
सिधाई, मन की निर्मलता,
विलुप्त हो चुकी जग ठग में,
दोषी कोई और नहीं, मेरी असफलता!

आज मन का सागर हुआ दूषित,
पीयूष में हुआ विष मिश्रित,
मानस मंथन क्या मार्ग बन पायेगा?
इस हलाहल से क्या कभी अमृत निकल पायेगा?

रूक जाए

इतनी नफरत लिए जीये कैसे ?
कहीं नीला न पड़ जाये रंग मेरा ज़हर जैसे !
आग न लग जाये छूऊं जिसे,
आंखों का सारा समंदर न सूख जाये,
बस, ये दिल, यहीं रूक जाए !!

ये ज़हर कहीं मेरी ज़मीन न सींचने लगे,
कोई बीच न इसे खींचने लगे,
गर कोई अंकुर फुट पड़ेगा…
फिर वह वृक्ष कैसा बनेगा ?
छांव जिसकी सुकुन नहीं, जलन देगी !
डालियां फूलों से नहीं….
दंश लिए सर्पों से लदी मिलेंगी,
क्यों इस पीड़ा को पीढ़ियों पर ढोया जाये ?
बस, ये दिल, यहीं रूक जाये !!

किस तरह बसर सफ़र होगा

हर बात पर शक अगर होगा,
फिर किस तरह बसर ये सफ़र होगा ?
हवाओं में अब ज़हर कुछ ज़्यादा है,
लगता है हर शय तेरा क़त्ल करने पर आमादा है,
इस सोच का ज़िन्दगी पर क्या असर होगा ?
फिर किस तरह बसर ये सफ़र होगा ?

अगला कदम जाने किस लक़ीर पर होगा,
सीधा कोई रास्ता या किसी मोड़ पर होगा,
निचौड़ ले हर बूंद जो आज मिले जीवन – रस,
कल तेरा फिर चले ना चले बस,
किनारों पर ही कोई ठहरा निस्सार होगा!
फिर किस तरह बसर ये सफ़र होगा ?

बहुत – सी बातें थी

बहुत – सी बातें थी...
जो न कही गई, न लिखी गई
और न किसी से देखी गई!
जो बस, रिसती रही धीरे, बहुत धीरे दरारों में,
और अब सीलन - सी उभर आई है जैसे ...
ज़िन्दगी की छत, दीवारों में !
न चाहते हुए भी,
छप जाती हैं हर किसी की नजरों में !

अब मेरे कहने, किसी के पूछने से क्या होगा,
जो हो चुका जर्जर, उसे संवारने से क्या होगा ?
हां, शायद कुछ ढक दोगे,
पर नया - सा न कर पाओगे!
वक्त रहते रख - रखाव किया होता,
किसी के पूछने का इंतज़ार न किया होता,
एक कागज़ के टुकड़े पर सही, लिखा दिया होता,
फिर फाड़ उसे पानी में बहा दिया होता !

तब शायद मन में एक नयापन बना रहता,
कोई कांटा न इसमें सना रहता!
कि ज़िन्दगी बिताने और
जीने का फ़र्क़ समझाना ज़रूरी था,
हाथों से सरकते वक्त का मोल आंकना ज़रूरी था...

जीने का एक तरीका तो बता देती ज़िन्दगी
जहां मैं कुछ तय करता हूं, वहीं से तू बदल जाती है

कुछ कहना है

मुश्किल हर बात बिन कहे समझना है,
न आंखों को कोई पढ़ता है,
ना स्पर्श की भावना है,
तभी, आज मुझे कुछ कहना है !
सहने की भी एक सीमा तय होनी चाहिए ,
कह देनी बातें भी ज़रूरी होनी चाहिए ,
खामोशियों को कमज़ोरी समझ लेते हैं नासमझ,
इन्हें क्या मालूम...
खामोश रहने के लिए भी ताक़त होनी चाहिए !
फ़िज़ुल की हर समझ को बदलना है,
तभी, आज मुझे कुछ कहना है !

जाने दिया होता

कमज़ोर – सा लम्हा ही तो था,
जाने दिया होता...
कोई नया सपना बुन लिया होता,
जीने का एक और बहाना...
ढूंढ़ लिया होता!
एक दौर ही था गुजर जाता,
कोई छोड़ गया, तो कोई मिल जाता!
ज़िन्दगी को एक मौका तो दिया होता,
कमज़ोर – सा लम्हा ही तो था,
जाने दिया होता...

सांसों की कीमत पूछ उनसे
जिन्हें ये मांगने पर भी मिलती नहीं,
कभी मौत लगती है आसान,
पर ज़िन्दगी दामन छोड़ती नहीं!
यहां रोज़ मरकर कुछ लोग...
अपनों के लिए जी लेते हैं,
निवाला अपना बांटकर...

करकराते पेट सो लेते हैं!
लाख कर जतन…
कामयाबी जिन्हें मिलती नहीं,
पर, देख मां- बाप की सूरत…
कोशिशें इनकी मरती नहीं!

शायद ख़त्म कर देना किस्सा…
आसान – सा तुम्हें लगता होगा,
पर सोच, तेरी अरथी का बोझ
बूढ़े बाप पर कैसा लगता होगा!
तोड़ देते हैं अगर भरोसा इंसान…
भगवान को एक बार तो चुना होता!
कमज़ोर – सा लम्हा ही तो था,
जाने दिया होता…

क्यों समय व्यर्थ बहाते हो

ये ना सोचना कि
मैं तुम्हारे अश्रु पोंछूंगी या
तुम्हारी पीड़ा सहलाऊंगी
ये कोई अवश्य करेगा !

पर, मैंने देखी है तुम्हारी शक्ति,
अवगत हूं उस ज्वाला से जो...
तुम्हारे भीतर दहक रही है,
ये पीड़ा तुम्हें दबा नहीं सकती,
और तुम्हारी व्यथा – कथा सुन – सुनकर...
मैं तुम्हें और क्लीव नहीं बना सकती !

जो तुम्हारी कथा सुन रहे हैं...
वे भी उब जायेंगे,
तुम्हें अकेला कर जायेंगे !
फिर क्यों समय व्यर्थ बहाते हो ?
अपना ध्येय भूल क्षणिक

व्यथा में रमते हो !
लौट जा उस पथ पर...
जिसे आज भी प्रतीक्षा है तेरी,
जिसने सम्भालकर रखें हैं...
तेरे निशान कदमों के,
जिसने देखी है निष्ठा, वे कोशिशें तेरी !

बीज बोने से ही तो अंकुर फुटते हैं,
ढूंढने से ही तो रास्ते मिलते हैं,
जो डरते हैं तैरने से...
वो किनारों पर ही खड़े रहते हैं!
उन्हें क्या पता,
तैरता वही है जिसमें उभरने की ताकत होती है,
जीतता वही है जिसमें हारने की हिम्मत होती है!

अच्छा किया तुमने

व्यर्थ हो जाते ये अश्रु - सिंधु
कौन इनका मोल समझता ?
अच्छा किया तुमने...
इस सागर को पलकों के तटों में समेट लिया,
अच्छा किया तुमने...
हृदय को बंजर नहीं किया !!

टूटा कांच चुभता रह जाता,
लहू बहाता, घाव गहरा कर जाता !
अच्छा किया तुमने ...
मृगतृष्णाओं का पीछा छोड़ दिया,
अच्छा किया तुमने...
सत्य स्वीकार कर लिया !!

भीड़ से अलग चलते रहे,
तेरी सोच, तेरी पहल पर लोग उंगली करते रहे,
अच्छा किया तुमने...

अपना पथ, स्वाभिमान कर लिया,
अच्छा किया तुमने...
उठती आवाज़ो में जय – जयकार भर दिया !

जीवन फंसा रहता सुख - दु:ख के पाश में,
यह सार्थक भला कैसे होता ?
अच्छा किया तुमने...
राम - नाम चुन लिया,
अच्छा किया तुमने...
श्वास – श्वास पावन कर लिया !

रूकना मना है

धूल जमने लगती है विचारों पर,
और व्यवहार बदलने लगते हैं,
ध्येय धुंधला जाते हैं,
रास्ते मिलते नहीं और
राही भटकने लगते हैं!
जीवन यूं असहाय होने से पहले,
मार्ग धूमिल होने से पहले,
और गंतव्य दुर्गम होने से पहले,
पूर्वरत आवेग नसों में भरना होगा,
ढीली पड़ी हर डोर कसना होगा,
शेष सामर्थ्य समेटकर,
अनवरत यत्न करना होगा,
रूकना मना है, गतिशील रहना होगा!

न रूकेगा कोई संगी – साथी,
न रूकेगा समय,
तू ही भूल बैठा अपना लक्ष्य, अपनी लय!
तेरी लगन फिकी पड़ गई,

देख कोई मृगतृष्णा की लहर…
प्यास तेरी घट गई!
तृष्णा पूर्णतः मिटने से पहले,
अवसाद के बादल घिरने से पहले,
और वह प्रेरणा – स्रोत लुप्त होने से पहले,
सुप्त उन्माद जगाना होगा,
निस्पंद पंखों में उत्कर्ष संचारना होगा,
मन – मस्तिष्क के अवरोध हटाकर…
पुनः खोया खगोल खोजना होगा,
रूकना मना है, गतिशील रहना होगा!

ऐ वक़्त

ऐ वक़्त!
तू कहे जहां वहीं चलते हैं,
पर, तू अपनी कर,
हम अपनी करते हैं!

तेरी करवट बदलने की आहट आ रही है!
तेरे ही कहने पर ज़िन्दगी रंग बदल रही है!
तू ने ही हवाओं का रूख मोड़ा होगा,
कोई नया अध्याय जीवन में जोड़ा होगा!
जिस ओर तू मुड़े,
चल, उस ओर उड़ते हैं!
पर, तू अपनी कर,
हम अपनी करते हैं!

तू हाथों में रूकता नहीं,
पैरों तले पुख़्ता ज़मीन देता नहीं...
फ़ितरत तेरी रेत की है!

कहीं कभी ठहरता नहीं...
बात तेरी आदत की है!
प्रवाह तेरा जैसा,
चल, वैसे ही बहते हैं!
पर, तू अपनी कर,
हम अपनी करते हैं!

कच्ची मिट्टी को सांचे में ढाल रहा है,
जला रहा है यूं...
हर इरादा पक्का कर रहा है!
तेरा ही आज़माया हूं,
शिकायत क्या करूं...
जो हूं, तेरा ही बनाया हूं!
जो तू सीखा रहा फिर,
चल, सीखते हैं!
पर, तू अपनी कर,
हम अपनी करते हैं!

क्या डरा पाओगे

मैं बदल जाऊंगी...
ऐसा कभी न सोचना!
मैंने अपनी बुनियाद में संगमरमर नहीं,
काले कठोर पत्थर रखें हैं...
चून - चून कर!!
जो दिन - प्रतिदिन और दृढ़ होते जाते हैं,
किसी सफ़ेद संगमरमर की तरह नहीं...
जो समय के साथ बदल जाते हैं !
न इन्हें किसी रख - रखाव की ज़रूरत है,
ये नींव में पड़ते हैं कि इनसे ही साबूत इमारत है !
ऐसी बुनियाद को क्या हिला पाओगे ?
जिसने ठोकर खाई हो बार - बार
उसे गिरने से क्या डरा पाओगे !!

अभी नहीं लहरों पुकारो मुझे

अभी नहीं लहरों पुकारो मुझे,
अभी नहीं व्यर्थ तूफानों में उलझाओं मुझे,
उस छोर से उठता शोर...
मेरी दिशा नहीं,
एक ध्येय मेरा,
मन की द्विधा दशा नहीं!
अभी नहीं मृगतृष्णाओं के पीछे
सत्य बिसराओं मुझे,
अभी नहीं लहरों पुकारो मुझे!

मेरा व्रत, मेरा पथ निश्चित है,
किसी भी प्रलोभन से...
मन न अब विचलित है,
आह्वान उठते है कई,
पर हर युध्द लड़ना क्या होगा सही ?
अभी नहीं यूं पथ भ्रमित करो मुझे,
अभी नहीं लहरों पुकारो मुझे!

सीमित समय, साधन सीमित है,,
इस क्षण श्वास है तो...
हम जीवित है!
क्षण भर न क्षीण मन हो,
आज, अब लक्ष्य लीन हो,
अभी नहीं लास – विलास रिझाओं मुझे!
अभी नहीं लहरों पुकारो मुझे!

ज़िन्दगी बाकी है

अभी देर कहां हुई,

जब तक है सांस,

ज़िन्दगी बाकी है!

कर पहल, कर पूरी बात जो रह गयी,

इस रात के पार,

एक सहर बाकी है,

अभी ज़िन्दगी बाकी है!

मत गिन वो दिन…

जो बीते हाथ मलते,

ढह गई जो कोशिशें,

चल नहीं गिनते,

जो बह गया पानी अब किस काम का ?

आज बरस रहा जो,

वही सावन तेरे नाम का!

अभी आस कहां बुझी,

जब तक है प्यास,

बारिश बाकी है!

अभी ज़िन्दगी बाकी है!

बढ़ आगे उस मोड़ से…
जहां पैर आज तक अटके खड़े,
सीख जो सीखा रहा समय,
अब कौन इससे निहत्या लड़े!
अभी तड़प कहां मरी,
जब तक है सुलगती चिनगारी,
आग बाकी है!
अभी ज़िन्दगी बाकी है!

दबी की दबी रही आवाज़े
पर चेहरे की लकीरें बदली नहीं,
गुनगुनाने को ही थे तुझे ज़िन्दगी,
पर कांधों के बोझ कहते रहे "अभी नहीं",
अभी कहां तरंगें मिटी,
जब तक है संगीत,
धुन कोई बाकी है!
अभी ज़िन्दगी बाकी है…

तेरा युध्द तुझे ही करना होगा

जीत भले ही तय हो तेरी,
पर प्रयास तो करना होगा!
कृष्ण केवल बनेंगे सारथी,
तेरा युध्द तुझे ही करना होगा!
तेरा ध्येय, तेरा ही धनुष होगा,
दिशा दर्शा देगा कोई,
लक्ष्य तुझे ही भेदना होगा!
तेरा युध्द तुझे ही करना होगा!

समेट ले ज्ञान का ढेर,
या अभ्यास कर कोई पूर जोर,
जीवन वास्तव में होगा कुछ और!
यहां मीठा हो या कड़वा,
परोसा सब चखना होगा,
अनुभवों से सीखना होगा,
तेरा युध्द तुझे ही करना होगा!

कभी प्रत्याशित सफलता...
विफल हो जाएगी,
कभी कोई हार, सहसा
जीत में बदल जाएगी!
जो भी जिस रूप में मिले...
स्वीकार करना होगा!
मन का हो या ना हो,
विश्वास, दृढ़ रखना होगा!
तेरा युध्द तुझे ही करना होगा!

कर देना खाली आंखें,
बहा देना वो सपना जो...
चुभ रहा हो टूटकर,
तेरा हृदय नहीं कोई कांच कमज़ोर,
ये तो है धरा, जो हो सकता है हरा...
बार – बार सूखकर!
है यह कोमल तो क्या,
कभी इसे पाषाण कठोर होना होगा!
तेरा युध्द तुझे ही करना होगा...

कुछ देर बैठ मेरे साथ फ़ुर्सत से 'ज़िन्दगी'
तू भी तो थक गई होगी मुझे दौड़ाते – दौड़ाते...

ज़िन्दगी कुछ सवाल है तुमसे

ज़िन्दगी कुछ सवाल है तुमसे,
बहुत - सी बातें पूछना चाहती हूं...
क्यों जल्द बीत जाता है बचपन,
और अब तेरा सफ़र थका जाता है !
क्यों मां का थपथपाना ,
चैन से वो सोना,
सब धुंधला हो जाता है ?

हर कड़वी बात छप जाती है यादों में,
मीठी यादें क्यों फिकी पड़ जाती हैं?
जो है हासिल उसकी किमत नहीं,
शिकायतों की अर्जी बढ़ती जाती है!

कमाने में वक्त ज़्यादा और
लूटाने में चंद पल काफ़ी है,
औरों की गलतियां दर्ज हैं,
अपने लिए ज़िर माफ़ी है!

ज़िन्दगी! हां, कुछ सवाल है तुमसे,
बहुत - सी बातें पूछना चाहती हूं,
लेकिन, अब जब तुम मिली हो...
तो जी भर तुम्हें जीना चाहती हूं!!

सुबह नयी आती है

दिन, महिना, साल बदला,
तारीख बदल जाती है,
वही सफ़र, वही सूरज,
पर सुबह नयी आती है!

कुछ दराजों में,
कुछ किताबों में,
कुछ यादों में रहा,
कोई चुंभन, कोई जलन,
बेहतर है भूला दी जाती है!

कभी खिले,
कभी मुरझाए,
कभी प्यासे हुए,
कभी ये भीगोये,
जो बीते, गये साल मौसम,
फिर धरती ले आती है!

जो आयेगा वो जायेगा,
जगह किसी की कोई ले जायेगा!
अंहकार नये का पुराना हो गया,
शाश्वत विनम्र प्रीत रह जाती है!

एक ऐसी भी गुल्लक होती

काश! एक ऐसी भी गुल्लक होती,
रोज़ एक खुशियों की किश्त उसमें डलती,
होता जो कभी गम ज़्यादा,
है किसी कोने में खुशियां जमा,
इस बात की तसल्ली होती!
काश! एक गुल्लक ऐसी भी होती!

चल, ये दिल!
तू खुशियां बटोर ले,
मिठी यादों की एक गुल्लक बना ले,
जब कभी ठेस लगे जो तुझको
कुछ मिठा याद कर मुस्कुराले!

खुशी के पल

खुशी के वो पल,
ज़िन्दगी में…
कुछ इस तरह से दबें रहते हैं,
जैसे समंदर की गहराइओं में…
खजाने छिपे रहते हैं !
हम रहते हैं किनारों तक,
नज़रें पहुंचती हैं लहरों तक,
हो सके तो…
पंहुचों उन खजानों तक !
जो खामोशी से बैठे हैं इंतज़ार में,
कि, उठा लोगे इन्हें…
संजोकर रख लोगे इस सफ़र में !
जैसे शहद है फूलों में,
जैसे मुस्कान है गालों में,
जैसे बारिश है बादलों में,
खुशी के वो पल…
छिपे हैं ज़िन्दगी के इन्हीं पलों में!

बच्चे -सा कुछ

आज भी किसी बच्चे – सा कुछ
मुझमें रहता है,
जैसे कहीं दुर्गम कठोर चट्टान से...
कोई निर्मल निर्झर बहता है,
कठोरता, स्तब्धता के बीच,
सजीव, चंचल, कल – कल करता है!

वो बच्चा,
खेलना चाहता है...
छोटे कंकड – कंचों का खेल आज भी,
चुसना चाहता है...
लाल – पीली, खट्टी – मिठी गोलियां आज भी!

चाहता है रोटी बनाती मां को...
लपककर पीछे से पकड़ लेना,
और उस ममता की बौंछार में...
सराबोर हो जाना,

चाहता है कड़ी दोपहरी में भी…
किसी दोस्त को आवाज़ देना,
और नीम की ठंडी छांव में बैठ,
कुछ नयी – पुरानी बातें करना!

चाहता है किसी नियम को सहज भूलना,
पढ़ते – पढ़ते वहीं मेज पर सिर रख सो जाना,
और कुछ रह जाए अधूरा तो…
कल की सुबह पर छोड़ देना!

अच्छा है, जो किसी बच्चे -सा कुछ
आज भी मुझमें रहता है,
जैसे किसी काले फैले निशा – नभ में…
कोई धवल, उज्जवल चंद्रमा खिलता है,
तिमिरता, निष्क्रियता के बीच…
दीप्तिमान, दीप – समान जगमगाता है!

जो कुछ भी है समेटा 'सवि'
सब आज लुटा देना है
'ज़िन्दगी' मुरिद कर ले तेरा
अभी जीना सीखना है...

पहेली है तू ज़िंदगी

जब भी लगा समझ गए
नया अध्याय खोल देती है,
पहेली है तू ज़िंदगी,
हर बार उलझा देती है!

देखा सोचकर,
तू रही समझ से परे,
कोई जीये खुलकर या रहे डरे!
उत्साह भरे उर में...
लेकर श्वास गहरे,
उठते तो हैं कदम
पर फिर नए मोड़ पर ठहरे!

रोमांच तुझमें, जब तक नासमझी मेरी,
संघर्ष मेरा, बिसात तेरी, चाल तेरी!
मोह से जोड़कर,
हर बंधन तोड़ने की जिद तेरी,
उसूल तेरे और बेबसी मेरी!

धागा-धागा बुनकर
बनाई बरसों चादर,
और तू चल दी इसे...
मेरा ही कफ़न बनाकर!!

मौत से मिलने का बहाना

कौन-सी तारीख,
कौन-सा ठिकाना होगा ?
न जाने ज़िन्दगी का…
मौत से मिलने का क्या बहाना होगा ?
जीने में हूं व्यस्त इतना,
मानो हमेशा ही मेरा जीना होगा,
न जाने ज़िन्दगी का…
मौत से मिलने का क्या बहाना होगा ?

ये कैसा भ्रम है अपना,
ये कैसी सोच है!
सच से मूंदे आंखें,
सभी यहां मदहोश है!
कर लो चाहे जो भी जतन,
ये लिबाज़ तो पुराना होगा !

आईना दे रहा है सबूत रोज़ाना,
मेरा ही नहीं रूकता इन्हें मिटाना,
कभी झुर्रियां, तो कभी
बालों की सफ़ेदी छुपाना,
ये लिबाज़ तो पुराना होगा !!

बस, ये तो गुजरेगी
रेत है हाथों से फिसलेगी !
नहीं रूकेगा इसका यूं पिघलना,
व्यर्थ होगा तेरा इसे थामना,
ये लिबाज़ तो पुराना होगा !
न जाने ज़िन्दगी का...
मौत से मिलने का क्या बहाना होगा ??

कोई शोर न होगा

मेरे जाने का कोई शोर न होगा,
एक तुम्हारे सिवा कोई और न होगा,
गर कोई सुनकर खबर आ जाए,
तो उसका एक आंसु भी उधार होगा,
मेरे जाने का कोई शोर न होगा!

गिरते फूलों की कोई आवाज़ नहीं थी,
टूटते रिश्तों की कोई आवाज़ नहीं थी,
बहुत हलचल थी इन खामोशियों में…
कानों से क्या सुनते, इनकी कोई ज़ुबान नहीं थी!
हाथ के खिलौने से बहलते है लोग आजकल,
तेरे होने, न होने का इनपर कोई असर न होगा,
मेरे जाने का कोई शोर न होगा!

औलादे भूल जाती है, पल भर के रिश्ते…
दोस्ती हैसियत के साथ छूट जाती है!
जिनके साथ गुजरा था कभी बचपन सारा…

वही सूरतें अनजानी हो जाती हैं!
जहां परछाइयां भी गुलाम है रोशनियों की,
उमीद न रख किसी से, ये सफ़र अकेला चलेगा,
कोई हमसफ़र न होगा!
मेरे जाने का कोई शोर न होगा!

कागज़ कोरा रह गया

ज़रूरतों का आज जब हिसाब किया,

मेरा कागज़ कोरा ही रह गया!

जितना खाली है प्याला,

अब भरने से क्या फायदा?

जितना भरा था, भरा ही रह गया,

मेरा कागज़ कोरा ही रह गया!

जो मिला नहीं,

मांगना आज बेमतलब लगता है!

जो समेट लिया अब तक,

बेकार – सा लगता है!

चीज़े जो बटोर रखी हैं…

बोझ लगती हैं मुझे,

जो कभी ज़रूरतें थी मेरी…

शौक – सी लगती हैं मुझे!

वक्त रहते बांट दी होती सभी,

किसी और की ज़रूरत…

पूरी कर दी होती कभी!
मैं उलझा रहा खुद में,
मेरी नज़र रही मेरी ही हद में,
जीतकर भी, मैं कैसे हारा रह गया,
मेरा कागज़ कोरा ही रह गया!

राम से राष्ट्र तक

एक भ्रम में जीवन बिताया गया,

सत्य कभी दबाया, कहीं छुपाया,

तो कभी तोड़ – मोड़ कर बताया गया!

कैसा वह ज्ञान जो सत्य न ढूंढ़ पाया,

कैसा वह सुजान जो सत्य न समझ पाया,

क्या उपयोग उस पदवी का जिसने...

बस, रोटी, कपड़ा, मकान, ऐशों – आराम ही कमाया!

कैसा जीवन जिससे देश, धर्म, संस्कृति का...

सम्मान न बचाया गया!

एक भ्रम में जीवन बिताया गया!

कभी स्वयं ही आंखें मूंद ली,

कभी किसी ने अंधकार कर दिया,

और यह हमने भी स्वीकार कर लिया!

सरल – सहज मार्ग पर चले और...

अनदेखा, अनसुना, कठिन कटु सत्य कर दिया!

दिनचर्या ही रहा किसी के लिए जीवन सारा,

कुछ जमा किया,

कुछ व्यय कर डाला जो कमाया गया!
एक भ्रम में जीवन बिताया गया!

पर कुछ थे जो राम का काम करते रहे,
जिन्होंने सत्य को चुना,
कंटक मार्ग की पीड़ा सहते रहे!
औरों के हिस्से की लड़ाई भी उन्होंने लड़ी है,
संघर्ष में कब क्लीव की भीड़ साथ खड़ी है ?
पर जब यही प्रयत्न यशस्वी होता है…
सारा संसार भागीदार बन जाता है,
तब दृष्टि से वह पर्दा हटता है,
और व्यतीत हुआ ये जीवन…
केवल भ्रम जान पड़ता है!

जीवन तो वे जी गए जिन्हें ज्ञात सत्य था,
जिन्हें देश और धर्म का उत्थान करना था,
उनका ऐसा ऋण रहेगा पीढ़ियों तक,
स्वयं को जो कर गये…
राम से राष्ट्र तक!!

खोते – खोते खुद को ढूंढ़ लेती हूं
सरकता है हाथों से, बढ़कर थाम लेती हूं
कुछ मरने लगता है मुझमें रोज़
मैं ही 'मुझे' ज़िन्दा कर लेती हूं

मैं किसी का नहीं

इस दुनिया में होकर,
मैं किसी की दुनिया में नहीं!
कोई मेरा नहीं, मैं किसी का ही नहीं!

किसी और के उगाए पेड़ों की छांव रहती कब तक ?
आज जब जलने लगा तन तो देखा,
मेरे हक़ का कोई दरख़्त ही नहीं !

बिन मांगे बरस गई बारिश,
आज भी कुदरत ने इंसान से प्यार ही किया!
तेरा क्या, तू तो लेता रहा, कुछ भी लौटाया ही नहीं!

वो है तुझमें, मुझमें
है हर तरफ़, हर किसी में,
दिख भी जाता मगर, ये हम है जो देख पाते ही नहीं!

कहा फूलों से

कहा फूलों से…
मुस्कुराकर मिलते हो तुम सभी से,
भेद न तुमने किया किसी से,
जैसे सजते हो मंदिरों में, वैसे ही…
हंसकर लिपटते हो कुंतलों से!
तुम्हारे लिए न कोई गौरा, न कोई काला,
न कोई उत्तर, न कोई दकन – वाला,
एक समान प्रेम है तुम्हारा…
चाहे हो कोई नीचा या कोई रखे पद वज़न वाला!

कहा फूलों से…
महकाते हो तुम जीवन सबका,
कभी न मांगा मोल अपनी महक या सुंदरता का,
पर संसार बड़ा व्यापारी है…
यहां ज़मीर से फूल तक हर चीज़ बाज़ारी है!
इसने एक मोल तय किया है हर किसी का,
चाहे वो चढ़े चरणों में ईश्वर के यों…
बने फूल श्रध्दांजलि का!

कहा फूलों से...
क्या व्यथित होते हो किसी पीड़ा से,
तोड़ लेता है जब कोई तुम्हें डाली से ?
या फिर पहुंच अपने गंतव्य...
प्रसन्न चित्त तुम होते हो,
छोटी – सी आयु में बड़ा जीवन जीते हो!
कभी किसी श्रध्दा का, कभी भक्ति का,
कभी प्रतीक प्रेम का.
मानव – जीवन में सदा रहेगा स्थान तुम्हारा...
कभी मर्म, कभी कर्म, कभी धर्म का !

दीया जले

किसी अंधेरी काली रात से पूछो,
एक दीया जलाने से क्या होता है ?
किसी निराश मन से पूछो,
आशा की ज्योत जगाने से क्या होता है ?
एक दीया जले…
मन में आस का,
एक दीया जले…
एक – दूसरे में ईश्वर के आभास का!

किसी प्यास से व्याकुल कंठ से पूछो,
एक घूंट पानी का, क्यों अमृत लगता है ?
क्यों चिलचिलाती धूप में चलते राही को…
एक तरूवर की छाया में स्वर्ग – सुख मिलता है!
एक दीया जले…
मानवता पर विश्वास का,
एक दीया जले…
सम्बल के आभास का!

किसी रूकी गति से पूछो,
एक कदम बढ़ाने से क्या होता है ?
किसी अश्रु – आर्द्र आयु से पूछो,
एक मुस्कुराहट की गर्माहट से क्या होता है ?
एक दीया जले…
उन्नति के प्रकाश का,
एक दीया जले…
सद्भाव के आभास का!

मत पूछो, एक तेरे करने से क्या होता है ?
मत भूल, बूंद – बूंद से सागर बनता है!
जब एक दीया पल में…
अंधेरे को हरा सकता है,
एक पूरे जीवन में,
तू क्या कुछ नहीं बदल सकता है!!

न उस पार, न इस पार
बीच मझधार रहा,
जीवन का सफ़र,
कभी नर्म फूलों पर,
कभी तलवार की थार पर रहा !

धन्यवाद .....